Jennifer Russell

Gefahren aus dem Internet - Viren, Trojaner und Hacker

Welche Schutzmaßnahmen gibt es?

GRIN Verlag

Bibliografische Information der Deutschen Nationalbibliothek:

Die Deutsche Bibliothek verzeichnet diese Publikation in der Deutschen National-
bibliografie; detaillierte bibliografische Daten sind im Internet über http://dnb.d-
nb.de/ abrufbar.

Impressum:

Copyright © 2004 GRIN Verlag GmbH
Druck und Bindung: Books on Demand GmbH, Norderstedt Germany
ISBN: 978-3-638-75053-0

Dieses Buch bei GRIN:

http://www.grin.com/de/e-book/45212/gefahren-aus-dem-internet-viren-trojaner-
und-hacker

Inhaltsverzeichnis   Seite

1. Das Internet

Millionen von Menschen verwenden das Internet, als Informationsquelle, um miteinander zu kommunizieren oder um selbst Dokumente zu publizieren. Hält man sich vor Augen, dass die ersten vier Rechner des heutigen Internets erst im Jahre 1969 vernetzt wurden, genannt ARPANET, und mit der Entstehung des Transmission Control Protocol (TCP) im Mai 1974 das erste Mal der Begriff „Internet" gebraucht wurde, verläuft die Entwicklung dieses Netzes so stürmisch, dass es unmöglich erscheint anzugeben wann (und ob überhaupt jemals) das Internet oder eine ihm nachfolgende Netzwerktechnologie seine endgültige Form annehmen wird. Mittlerweile verfügt bereits jeder zweite Haushalt über einen Internetanschluss.

Allerdings bringt der Begriff „Internet" als Kommunikationsmittel nicht nur positive Aspekte zum Vorschein. Bei der Datenübertragung über das Netz lauern viele Gefahren für den Netzteilnehmer, die Horrende Auswirkungen für den PC haben können.

2. Der Virus

2.1 Die geschichtliche Entwicklung der Viren

Wann die erste Idee aufkam ein Computervirus bzw. ein sich selbst reproduzierendes Programm zu schreiben, ist schwer auf einen genauen Zeitpunkt festzulegen. Modelle über solche Programme gibt es schon seit den fünfziger Jahren. Allerdings fingen Mitte der achziger Jahre Privatleute gezielt an Computerviren zu schreiben, häufig mit der Absicht einem Unternehmen zu schaden. Die modernen Viren sind nicht mehr gegen spezielle Personen oder Firmen gerichtet, sondern haben im Allgemeinen das Ziel sich weit zu verbreiten um möglichst viel Schaden anzurichten.

2.2 Was ist ein Virus?

virus, -in deutsch Gift, Schleim

Der Versuch ein Computervirus zu definieren, ist nicht gerade einfach, da Computerviren in vielen Formen und Varianten auftreten.

„Hierbei sei jedoch erwähnt, nicht alle Viren gelangen in der Tat in die „freie Wildbahn"." [1]

„Trojanische Pferde" (Programme, die vorgeben etwas Nützliches zu sein, jedoch bei der Ausführung ein ganz anderes Ziel verfolgen) werden als Computerviren bezeichnet, obwohl sie technisch gesehen mit Computerviren gar nichts zu tun haben. Auf diese Thematik werde ich später noch eingehen.

Zur Erklärung sind Viren Programme, die vom Benutzer unbemerkt ausgeführt werden und evtl. Schaden auf dem Computer anrichten. Sie verfügen über mindestens einen Programmteil, der den befallenden Computer veranlasst, das Virenprogramm an andere Programme anzuhängen oder sich in Systembereiche (z. B. Bootsektor) von Disketten und Festplatten einzunisten. Sobald der Computer das neu befallene Programm ausführt oder auf infizierte Systembereiche zugreift, werden Virenkopien erzeugt, die sich an andere Programme anhängen oder Programmteile überschreiben.

Dabei muss beachtet werden, dass nicht alle Viren Software zerstören. Manche gelten auch als Juxware ohne einen Schaden anzurichten.

Zudem verändern einige Viren ihre Gestalt und werden deswegen „polymorphe" (von poly = viel und morph = form) [2] Viren genannt.

2.3 Die verschiedenen Virenarten

„Ein Virus ist in Zusammenhang mit einem Rechner ein sehr allgemeiner Begriff. Es muss unterschieden werden zwischen den Arten und Techniken der Viren." [3] Hier einige Viren im Überblick:

„Bootsektorviren setzen sich im Bootbereich des Speichers fest. Sie nehmen damit einen festen Platz in der Konfiguration des Betriebsystems

---

[1] Die Deutschen Trojaner-Seiten. Was Computerviren sind / Erklärung. Online im Internet: URL: http://www.trojaner-info.de
[2] Vgl. Duden. Das Fremdwörterbuch (1997), S. 640 ff.
[3] Bronisz, B. Was sind eigentlich Computer-Viren? Online im Internet: URL: http://home.arcor.de

ein, da sie den Originalcode im entsprechenden Bootsektor ersetzen. Sie reagieren u. a. auf Systemanforderungen, z. B. durch Tastatureingaben oder interne Systemanforderungen.

Überschreibende Viren zerstören in spezifischen Wirtsprogrammen Programmabschnitte und nehmen den entsprechenden Coderaum ein. Wird das entsprechende Programm aufgerufen, dann arbeitet nur noch das Virenprogramm – das Wirtsprogramm ist funktionsunfähig.

Call-Viren legen ein Virenprogramm als ein (externes) Unterprogramm ab. Mit einem Call-Aufruf wird das Virenprogramm aktiviert. Ein veränderter Speicherbedarf wird kaum sichtbar, da diese Viren sehr klein sein können.

Linkviren sind überschreibende Viren. Diese Viren nisten sich im Wirtsprogramm ein. Oftmals besetzt das Virenprogramm den Speicherplatz direkt vor oder nach dem Trägerprogramm. Das Wirtsprogramm bleibt weiterhin funktionsfähig. Zum Teil nimmt das virenverseuchte Wirtsprogramm scheinbar nach außen hin auch keinen erweiterten Speicherplatz ein. Die Viren manipulieren Informationen zur Dateilänge, aber auch die Dateiattribute und die Einsatzzeit des Programms usw. werden verändert. Bei MS-DOS sind besonders Dateien mit den Erweiterungen .COM, .BAT, .EXE betroffen.

Makroviren sind die jüngsten Kategorien der Viren und zugleich auch die bedrohlichsten. Sie können sich unabhängig vom eingesetzten Betriebssystem fortpflanzen, sind relativ einfach zu programmieren und mutieren im schlimmsten Fall sogar ohne menschliches Zutun zu neuen Formen. Viele Textverarbeitungsprogramme wie z.B. Word nutzen zur Automatisierung von Aufgaben die an Basic angelehnte Makrosprache. Diese Programmiersprache ist recht einfach erlernbar." [4]

---

[4] Hübscher, H. et al. (2003), S. 276.

4

2.4 Scherzviren (Hoaxes)

„Das Wort "Hoax" stammt aus dem Englischen und geht auf eine alte Tradition bei Hofe zurück. Damals machten sich die Adeligen einen Spaß daraus, falsche Gerüchte zu verbreiten und amüsierten sich dann köstlich darüber, wenn ihr Gegenüber darauf hereinfiel." [5] Im Computerwesen werden Hoaxes mittlerweile als Ketten-E-Mails bezeichnet, die vorgeben, vor Viren zu warnen. Ein eindeutiges Merkmal eines Hoaxes ist die Behauptung, der Virus sei extrem gefährlich und es würde zurzeit kein Gegenmittel geben, „sowie die Aufforderung, die Warnung an alle Bekannte weiterzuleiten." [6] In der Praxis ist es leider oft der Fall, dass Anwender sich über diese Aufforderung keine Gedanken machen und diese Mails weiterleiten. [7]

2.5 Der Unterschied zwischen Hoaxes und echten Viren

1. „Echte Viren werden niemals mit Vorwarnung in Umlauf gebracht.

2. Hoaxes erhalten in der Betreffzeile den Begriff „Vorsicht Virus" oder „Virenwarnung".

3. Als Quelle der vermeintlichen Virenwarnung wird gerne eine namhafte Firma genannt, der man eine solche Warnung abnimmt.

4. Das Schadenspotenzial des Virus wird immer sehr drastisch und als noch nie da gewesen formuliert." [8]

---

[5] Sicherheit Online.Net. Viren und Würmer. Online im Internet: URL: http://www.sicherheit-online.net
[6] Security Response. Scherzviren (Hoaxes). Online im Internet: URL: http://www.symantec.de
[7] Vgl. Security Response. Scherzviren (Hoaxes) , Online im Internet: URL: http://www.symantec.de
[8] Security Response. Scherzviren (Hoaxes). Online im Internet: URL: http://www.symantec.de

3. Schutzmaßnahmen gegen einen Virus

3.1 Wie bemerkt man einen Virus?

Folgende Symptome können bei einem Virenbefall auftreten:

- „Häufige Aktivitäten der Festplatte (HDD).
- Windows gibt 32-Bit Fehler aus.
- Veränderungen der Dateigröße von Programmen.
- Sehr schnelle Reduzierung des freien Speicherplatzes auf der Festplatte.
- Neue und vor allem unbekannte Dateien auf der Festplatte.
- Veränderungen der Bildschirmausgabe, von selbst." [9]

3.2 Wie schützt man sich vor einem Virus?

Nachfolgend sind einige Beispiele aufgelistet, wie man sich vor Viren schützen kann:

1. „Auf jedem Computer muss ein speicherresidentes Viren-Schutzprogramm laufen. Dieses muss mindestens monatlich auf den aktuellen Stand gebracht werden.
2. Zum Schutz vor neuen Boot-Viren ist die Reihenfolge von C: auf A: einzustellen.
3. Zum Schutz vor neuen Viren ist der Viren-Schutz im BIOS zu aktivieren.
4. Zum Schutz vor neuen Makro-Viren ist bei den Programmen Winword, Excel und Powerpoint der Makro-Viren-Schutz zu aktivieren.
5. Bei Internet-Browsern sind die Script-Sprachen (Java, Java-Script und ActiveX) auszuschalten." [10]

---

[9] Bronisz, B. Indikatoren. Online im Internet: URL: http://home.arcor.de
[10] Bundesamt für Sicherheit in der Informationstechnik. Kurzhinweise zum Schutz vor Computer-Viren, 2000. Online im Internet: URL: http://www.bsi.bund.de [15.05.2000]

3.3 Wie entfernt man einen Virus?

Ist bekannt, von welchem Virus das System befallen ist, kann nach speziellen Reparaturprogrammen im Internet gesucht werden. Es ist auch möglich, ein allgemeines Antivirenprogramm zum Entfernen einzusetzen. Der Virus sollte möglichst im abgesicherten Modus entfernt werden, um zu verhindern, dass dieser aktiv ist. Leider gelingt es nicht immer den Computer in den alten Zustand zurückzusetzen. Sollte das Programm trotzdem nicht mehr richtig laufen, hilft nur eine Neuinstallation des Betriebssystems.

3.4 Die Top Ten Viren November 04

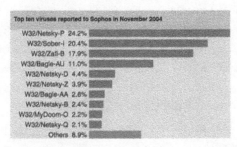

Quelle: Sophos [11]

---

[11] Bei Sophos gemeldete Top-Ten-Viren November 2004. Online im Internet: URL: http://www.sophos.de[November 2004]

4. Angriffe aus dem Internet („Trojaner und Würmer")

4.1 Trojanische Pferde

„Trojanische Pferde sind bereits seit den Anfängen der Computernutzung mit Großrechnern bekannt. Der Begriff "Trojanisches Pferd" ist ursprünglich auf den griechischen Dichter Homer zurückzuführen" [12] („Die Schlacht um Troja"). Trojanische Pferde verfügen oft über eine für den Anwender sehr nützliche Funktion, wobei die schädliche Funktion im Hintergrund des System abläuft. Laien bemerken dieses im Regelfall nicht. Dabei arbeiten Trojanische Pferde nach unterschiedlichen Kriterien:

Das erste Kriterium eines Trojanischen Pferdes sind Programme, die für den Anwender im Regelfall sehr unnützlich erscheinen. Allerdings werden diese Programme oft aus Unwissenheit gestartet, wobei sich ein Trojanisches Pferd so auf dem PC installieren kann. Im Zuge dessen erscheinen Fehlermeldungen auf dem PC über Dateien die nicht vorhanden sind, um den Anwender zu verleiten, dieses Programm zu löschen. Worüber sich der Anwender keine Gedanken macht, ist, dass durch das Löschen des unbrauchbaren Programms, ein Trojanisches Pferd gestartet wurde.

Das zweite Kriterium sind Trojanische Pferde, die hinter einem Programm lauern können, welches für den Anwender als sehr nützlich erscheint. „Wird das Programm installiert, kann es oft Monate dauern, bis ein Anwender bemerkt, dass sich ein schädliches Programm auf seinem System befindet." [13]

Das hat zur Folge, dass Trojanische Pferde bei jedem Systemstart mitgestartet werden und im Hintergrund des Systems mitlaufen. [14]

„Andere Trojanische Pferde starten erst, wenn ein bestimmter Vorgang (Start eines anderen Programms) auf dem System stattfindet." [15]

---

[12] Bundesamt für Sicherheit in der Informationstechnik. Trojanische Pferde Definition und Wirkungsweise, 2003. Online im Internet: URL: http://www.bsi.bund.de[Januar 2003]
[13] Die Deutschen Trojaner-Seiten. Trojanische Pferde - Was ist das? Online im Internet: URL: http://www.trojaner-info.de/beschreibung.shtml
[14] Vgl. Die Deutschen Trojaner-Seiten, Trojanische Pferde - Was ist das? Online im Internet: URL: http://www.trojaner-info.de/beschreibung.shtml
[15] Die Deutschen Trojaner-Seiten, Trojanische Pferde - Was ist das? Online im Internet: URL: http://www.trojaner-info.de/beschreibung.shtml

4.2 Wozu sind Trojanische Pferde in Lage?

„Die meisten Trojaner sind darauf aus, Benutzerdaten eines Online-Dienstes auszuspähen, nicht selten nur von einem bestimmten Provider. Trojaner, die ständig im Hintergrund im betroffenen System mitlaufen, zeichnen mitunter sämtliche Tastaturfolgen auf.

- Dieses bedeutet, alle Daten, die der Anwender über die Tastatur eingibt. – Hier nutzt es leider gar nichts, wenn der Anwender sein Passwort für einen Online-Dienst nicht abspeichert, sondern erst bei der Anmeldung eingibt. Die gesammelten Daten werden nach der Einwahl unbemerkt an den Autor des Trojanischen Pferdes geschickt." [16]

Andere Arten von Trojanischen Pferden laufen nicht ständig im Hintergrund eines Systems mit. Der Anwender surft im Netz und startet ein Online-Tool. Daraufhin wird das Trojanische Pferd aktiviert. „Der Trojaner wurde so programmiert, dass er sich die Dateien auf einem System sucht, bei dem ein Programm (z.B. Onlinesoftware, FTP-Mail - Programme) die Passwörter des Nutzers abspeichert." [17] Leider ist es heutzutage immer noch so, dass User ihre Passwörter für z. B. Online-Banking abspeichern, wobei dieses ein hohes Sicherheitsrisiko darstellt. Trotz der Medien, die immerzu vor den Risiken im Internet warnen.

Die mit Abstand gefährlichsten Trojanischen Pferde sind so genannte Server-Programme. Hat man sich einen Trojaner dieser Art eingefangen, kann ein anderer User online auf das System zugreifen, ihn steuern und ihm bestimmte Befehle geben. „Sie können in der Regel all die hier genannten Arbeitsweisen vereinen. Server-Programme sind zu folgendem in der Lage bzw. ermöglichen dem Cracker auf der "Gegenseite" zahlreichen Funktionen:

Aufzeichnen der Tastaturfolgen, Auslesen von Passwörtern, herunter- und/oder heraufladen von Dateien des Systems. Der Cracker hat mitunter vollen Zugriff auf den Rechner und kann fast alles machen, was er gerade möchte. Server-Programme bestehen aus einem Client (dieser wird benutzt um auf andere Systeme zugreifen zu können) und dem eigentlichen Trojaner, dem Server. Das Server-Programm öffnet auf dem System

---

[16] Die Deutschen Trojaner-Seiten, Trojanische Pferde - Was ist das? Online im Internet: URL: http://www.trojaner-info.de
[17] Die Deutschen Trojaner-Seiten, Trojanische Pferde - Was ist das? Online im Internet: URL: http://www.trojaner-info.de

verschiedene so genannte Ports, damit der Zugriff auf das System durch den Cracker möglich wird. Der Client ist dazu in der Lage nach aktiven "Servern" irgendwo im Internet zu scannen (suchen). Somit wird dem Cracker bekannt gegeben auf welche Systeme er zugreifen könnte." [18]

4.3 Würmer

Am 2. November 1988 wurde der erste Wurm von seinem Programmierer, Robert Tappan Morris, in Umlauf gebracht. „Diese Aktion hatte zur Folge, dass ca. 6.000 Computer weltweit lahm gelegt wurden." [19] Diese Entdeckung von Morris beruhte einzig und allein auf einem Programmierfehler. Und so setzte sich die Geschichte des Wurmes fort.

Im Gegensatz zu Viren sind Würmer eigenständige Programme und Unterkategorien von Computerviren. Sie "infizieren " genau so wie Trojaner und Kettenbriefe keine anderen Objekte. Die große Gefahr von Würmern ist der Dominoeffekt:

Ein Wurm kann sich z.B. an alle im Adressbuch enthaltenen E-Mail-Adressen versenden und sich dabei als Anhang einer E-Mail von einem vertrauenswürdigen Bekannten tarnen. Auf den PCs der Empfänger kann sich der Wurm auf gleiche Weise unkontrolliert vermehren, sobald ein Anwender diesen Anhang öffnet. Dabei kann ein Wurm viel Arbeitsspeicher beanspruchen, Netzwerke blockieren und das Anzeigen von Webseiten verlangsamen oder den PC komplett lahm legen. Am bekanntesten ist der Internet – Wurm (z. B. Melissa oder I love you), der eine hohe Anzahl an Arbeitsspeichern, Servern und Netzwerken ausfallen lassen kann.

[18] Die Deutschen Trojaner-Seiten. Trojanische Pferde - Was ist das? Online im Internet: URL: http://www.trojaner-info.de
[19] Geschichte der Datenkommunikation. Der Internet-Wurm. Online im Internet: URL: http://www.informatik.uni-bremen.de

5. Hacker und Cracker

5.1 Die Hacker-Ethik

„Der Chaos-Computer-Club definierte die Hackerethik 1997 in den folgenden Maßreglungen. Leider werden diese Grundregeln der Hacker-Ethik oftmals benützt, um Straftaten zu legitimieren. Einige der Regeln sollten natürlich nicht nur für Hacker gelten und sind recht allgemeingültig:

- Der Zugang zu Computern und allem, was einem zeigen kann, wie diese Welt funktioniert, sollte unbegrenzt und vollständig sein.
- Alle Informationen müssen frei sein.
- Misstraue Autoritäten – fördere Dezentralisierung.
- Beurteile einen Hacker nach dem, was er tut und nicht nach üblichen Kriterien wie Aussehen, Alter Rasse, Geschlecht oder gesellschaftlicher Stellung.
- Man kann mit einem Computer Kunst und Schönheit schaffen.
- Computer können Dein Leben zum Besseren verändern.
- Mülle nicht in den Daten anderer Leute.
- Öffentliche Daten nützen, private Daten schützen." [20]

5.2 Worin unterscheiden sich Hacker und Cracker?

„Das Wort "Hacker" stammt noch aus den Urzeiten der Computergeschichte und bezeichnete in dessen Anfangsjahren einen besonders geschickten Programmierer, der sich gerne mit komplexen Problemen auseinandersetzte." [21] Mittlerweile gehören Schüler, Sicherheitsexperten oder auch Uni-Dozenten zu der so genannten „Hackerszene".

In der Regel sind Hacker jung, männlich und natürlich mehr als begabt, was die Programmierung betrifft. Nach und nach bekam die Definition „Hacker" eine andere Bedeutung. Computerfreaks begannen an in fremden Daten zu schnüffeln und in beliebige Computersysteme einzubrechen. [22]

---

[20] W. Völl (2001), S.67.
[21] Onlinekosten.de. Hacker, Cracker und Scriptkiddies, 2004. Online im Internet: URL: http://www.onlinekosten.de
[22] Vgl. Onlinekosten.de. Hacker, Cracker und Scriptkiddies, 2004. Online im Internet: URL: http://www.onlinekosten.de [11.05.2004]

„Von den "richtigen Hackern" wurden diese Menschen spöttisch als "Cracker" bezeichnet, um einen klaren Unterschied zwischen einem fähigen Programmierer, einem "Hacker", und einem Techno-Vandalen, einem "Cracker" aufzuzeigen." [23] Cracker sind ständig darauf bedacht immer und überall Schaden zu verursachen. Viren und Würmer werden von Crackern geschrieben und in Umlauf gebracht. Zudem sind Cracker für Angriffe auf Internetservern verantwortlich. Dabei wird dieser Server so lange mit Anfragen vollgemüllt, bis er nach einiger Zeit kapituliert. [24]

Hacker dagegen setzen es sich zum Ziel die Sicherheit im Internet zu erhöhen, auf Sicherheitslücken in Software-Programmen aufmerksam zu machen und die Privatsphäre des Einzelnen im Internet zu schützen.

In die Crackerszene gehören so genannte „Scriptkiddies, die sich der Sache angenommen haben veröffentliche Programmcodes umzuschreiben und ohne zu wissen was passieren könnte, diese Attacken zu starten. Aus diesem Grund werden solche Cracker-Lehrlinge oft als Scriptkiddie bezeichnet. Da sie Attacken starten, die auf erprobten Programmcodes beruhen, richten sie meisten großen Schaden an. [25]

Ein Beispiel für einen so genannten Scriptkiddie ist Sven J., der Programmierer des Sasser-Wurms, der sich über die Ausmaße seiner Tat im Vorhinein keine Gedanken machte. [26]

Die Medien haben ohne Zweifel dazu beigetragen, dass dem Bürger der eigentliche Sinn des "Hackens" verborgen blieb. Immer wieder tauchen in Zeitungen und dem Fernsehen Berichte über "Hacker" auf, die in fremde Computer einbrechen, um Daten zu stehlen oder Systeme zu sabotieren.

---

[23] All Mystery, Hacker oder Cracker. Online im Internet: URL: http://www.allmystery.de
[24] Vgl. Onlinekosten.de, Hacker, Cracker und Scriptkiddies, 2004. Online im Internet: URL: http://www.onlinekosten.de [11.05.2004]
[25] Vgl. . Onlinekosten.de, Hacker, Cracker und Scriptkiddies, 2004. Online im Internet: URL: http://www.onlinekosten.de [11.05.2004]
[26] Vgl. Onlinekosten.de, Hacker, Cracker und Scriptkiddies, 2004. Online im Internet: URL: http://www.onlinekosten.de [11.05.2004]

5.3 Wie schützt man sich vor ihnen?

Hier einige Beispiele von Firewall-Lösungen, um einen optimalen Schutz im Internet vor Angriffen zu gewährleisten:

„Die bewährte Freeware ist **ZoneAlarm.** Diese Software funktioniert nach einem einfachen, aber wirkungsvollen Prinzip: Bei jeder Verbindung ins Internet, die von einem unbekannten Programm ausgelöst wird, schlägt die Software Alarm und fragt den Benutzer, ob der Zugriff nach außen erlaubt ist. Die Antwort kann zudem für die Zukunft gespeichert werden, so dass der Benutzer am Anfang relativ viele Nachfragen beantworten muss. Nach einiger Zeit arbeitet das Programm daher nahezu vollständig im Hintergrund." [27]

Dann gibt es noch „die **Kerio Personal Firewall,** die auch für den privaten Gebrauch kostenlos ist. Auch diese Firewall funktioniert praktisch nach dem gleichen Prinzip wie Zone-Alarm und arbeitet mittels Intrusion Detection System (IDS), womit bekannte Eindringlingstypen erkannt, blockiert und aufgezeichnet werden." [28]

Symantec Norton Internet Security schützt vor Bedrohungen aus dem Internet. Die enthaltenen Vollversionen von Norton AntiVirus und Norton Personal Firewall schützen den PC vor Viren und Crackern. Dabei sorgen innovative Internet-Tools dafür, dass der PC jederzeit vor Übergriffen auf vertrauliche Daten sicher ist und das Internet produktiv genutzt werden kann. [29]

---

[27] ZDNet.de Firewalls zum Schutz vor Angriffen aus dem Internet. Online im Internet: URL: http://www.zdnet.de
[28] ZDNet.de Firewalls zum Schutz vor Angriffen aus dem Internet. Online im Internet: URL: http://www.zdnet.de
[29] Vgl. Symantec Store. Online im Internet: URL: http://www.symantecstore.com

6. Fazit

Zusammenfassend lässt sich sagen, dass Rechner zu Hause regelmäßig auf Viren und Cracker überprüft werden sollten, da Antivirenprogramme und Firewalls nie einen 100%igen Schutz vor Viren gewährleisten können. Zusätzlich sollte ein Rechner auch nie mit nur einem Antiviren-Programm ausgerüstet sein, sondern mit mind. zwei Programmen, die nach Viren scannen. Erkennt das eine Programm den Virus nicht, dann erkennt möglicherweise das andere Programm den Virus und bietet so einen erheblich größeren Schutz vor einem Virenbefall. Nichts desto trotz ist eine vollständige Sicherheit des Systems kaum gewährleistet, da die Anzahl der Angriffe im Internet viel zu hoch ist und sich die Angriffsarten beständig ändern.

7. Literaturverzeichnis

Völl W. (2001): Hacker's Black Book. Aachen. Deutschland.

Duden (1997): Das Fremdwörterbuch. Mannheim.

Hübscher, H. et al. (2003): IT-Handbuch (Tabellenbuch). Braunschweig.

Internetquellen

http://www.trojaner-info.de/viren/virenwas.shtml
http://home.arcor.de/bbronisz/index.html
http://www.sicherheit-online.net/viren.html
http://www.symantec.de/region/de/avcenter/hoaxes.html
http://home.arcor.de/bbronisz/index.html
http://www.bsi.bund.de/av/texte/hinweise
http://www.sophos.de/virusinfo/topten/
http://www.bsi.bund.de/literat/faltbl/F33Trojaner.htm
http://www.trojaner-info.de/beschreibung.shtml
http://www.informatik.uni-bremen.de/grp/unitel/referat/timeline/timeline-5.html
http://www.onlinekosten.de/news/artikel/14488
http://www.allmystery.de/technik/hacker/hacker_o_cracker.shtml
http://www.zdnet.de/downloads/weekly/17/weekly_358-wc.html
http://www.symantecstore.com/dr/sat5/ec_MAIN.Entry10?V1=646692&PN=1&SP=10023&xid=27679&CID=0&DSP=&CUR=978&PGRP=0&CACHE_ID=0